철학이 왜 필요할까?

LITTLE BOOK, BIG IDEA: BOOK 2. WHAT IS PHILOSOPHY?
ⓒ What is philosophy? 2022
Korean translation rightsⓒ2023 Bom-majung
Korean translation rights are arranged with Noodle Juice Ltd through AMO Agency, Korea
All rights reserved

이 책의 한국어판 저작권은 AMO 에이전시를 통해 저작권자와 독점 계약한 봄마중에 있습니다.
저작권법에 의해 한국 내에서 보호를 받는 저작물이므로 무단 전재와 무단 복제를 금합니다.

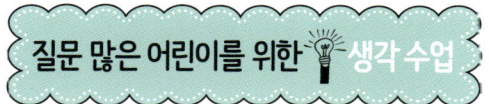

질문 많은 어린이를 위한 생각 수업

철학이 왜 필요할까?

사라 월든 지음 | 케이티 루스 그림 | 이채이 옮김 | 김성우 도움글

봄마중

안다는 건 뭘까요? • 18

진실이란 뭘까요? • 16

시간이 뭘까요? • 20

생각이 뭘까요? • 22

아름다움이 뭘까요? • 24

무엇을 말해야 할까요? • 26

무엇을 해야 할까요? • 28

이 책을 읽고 철학자와 함께 이야기해 봐요 • 32

인생이 뭘까요?

살아 있다는 건
움직일 수
있는 거예요.

음식을
먹을 수도 있고

자라날 수 있고

아기를 가질 수 있고

오줌과 똥을
쌀 수도 있어요.

숨을 쉴 수 있고

느낄 수도 있죠.

사람으로 살아간다는 것은 어떤 걸까요?

지구상에는 수많은 사람들이 살아가고 있어요.
사람이란 여러분처럼 숨을 쉬고, 잠을 자고,
밥을 먹고, 다른 사람과 지내기를 좋아해요.
하지만 그런 동물도 있죠. 그렇다면 사람은 무엇이 다를까요?

우리는 생각할 수 있고,
읽을 수 있고,
옷을 입고, 돈을 써요.
또 서로를 돌보아 주고
특별하며, 뭔가를 선택하죠.

무엇이 우리를 행복하게 만들까요?

충분한 먹을거리와

따뜻하게 잠들 수 있는 잠자리

환한 미소

고마움

나누는 것

나를 돌봐 주는 사람들,
내가 돌봐 주는 사람들

음악

햇살

운동하고, 잠자고, 잘 먹으면서
우리 몸을 돌보는 것

배우는 것

세우는 것

만드는 것

가족이나 친구와 함께하는 것이
우리를 행복하게 만들어요.

좋은 것이란 어떤 걸까요?

최선을 다하는 거예요.

남을 돕고

다른 사람이 어떻게 느끼는지 이해하는 것이죠.

다른 사람을 응원하기도 하고요.

사랑이 뭘까요?

누군가를 사랑하게 되면, 그 사람의 기분에 신경 써요.
같이 시간을 보내고 싶고, 믿게 되죠.
부모님이나 반려 동물에 대한 사랑, 친한 친구나
할머니, 할아버지에게 느끼는 사랑은 조금씩 다를 수 있어요.
책이나 음식을 사랑할 수도 있지만, 누군가와 사랑에 빠지게 되면
그 사람과 함께 있는 게 제일 행복해요.

거짓말을 믿는 것은 일을 망치고 사람을 망쳐요.

진실이야말로 좋은 것이죠.

진실은 여러분의 의견이나 생각이 아니에요.
그러니 서로 다른 의견을 가져도 괜찮아요.

안다는 건 뭘까요?

안다는 건 무언가를
이해했다는 뜻이에요.

운동처럼 새로운 기술을
배우는 것이기도 하고요.

누군가를 안다는 건
그 사람과
친하다는 거예요.

여러분은 매일매일 새로운 것들을 알게 돼요.

학교는 이해하는 법을
알려 주는
중요한 곳이에요.

책을 읽거나, 다른 사람에게 배우거나,
새로운 경험을 할 때 더 많은 것을 알 수 있어요.

시간이 뭘까요?

시간은 어떤 일이 일어나기까지 걸리는 기간이에요.
얼마나 잤는지, 나이를 얼마나 먹었는지,
이를 닦는 데는 얼마나 걸리는지 말이에요.
우리는 시간을 여러 가지 방법으로 알 수 있어요.
우주는 수십억 년 동안 있어 왔어요.
하루살이는 오직 하루만을 살지요.

우리는 시계로 시간을 알 수 있어요.

하루, 일주일, 한 달을 재기 위해서는 달력을 사용하지요.

나라마다 낮과 밤은 다를 수 있어요. 우리나라가 낮일 때 미국은 밤이에요.

시간은 과거와 미래를 알게 해 줘요.

시간은 빠르게 느껴질 때도 있고 느리게 느껴질 때도 있어요.
놀이 시간은 너무 짧고, 받아쓰기 공부 시간은 끝날 것 같지 않게 길지요.

생각이 뭘까요?

생각은 무궁무진해요.
생각은 의견이 될 수도 있어요.
생각은 무언가에 대해 알려진 것이 될 수 있어요.
혹은 무언가를 할 이유가 되기도 하죠.

생각은 '오늘 저녁은 생선 먹자'와 같이 간단할 수도 있고

'세계의 굶주린 사람들을 어떻게 먹일 수 있을까?'처럼 복잡할 수도 있어요.

쉬는 날에 바다에 놀러 가고
싶다고 생각할 수도 있지만

친구는 스키를 타고
싶을 지도 몰라요.

공연의 목적은 관중을 즐겁게 하고
웃게 만드는 것이고

이 책의 목적은 여러분에게 철학이
무엇인지 알려 주는 거죠.

세상에는 수많은 생각들이 있어요. 가장 좋은 방법은
어떤 생각이 좋은 것인지 알아내는 거여요!

아름다움이 뭘까요?

아름다움에 대한 생각은 다양해요.
어떤 사람들은 아름다움이 감정을 느끼게 한다고 생각해요.
그림을 보며 즐거울 수도 있고 노래를 들으며 슬플 수도 있어요.
아름다움을 바라보는 또 다른 방법은
실제와 얼마나 비슷한지 보는 거예요.
그려진 사과가 진짜 사과와 얼마나 닮았나요?

때로는 어느 것이 아름다운지 사람마다 생각이
다를 때가 있어요. 그래도 괜찮아요.

아름다움이란 그저 우리가 보고 듣는
것만이 아니거든요. 맛이 좋거나, 냄새가 좋거나,
느낌이 좋으면 그건 아름답다고 할 수 있어요.

잘 짜여진 스웨터도
아름답죠.

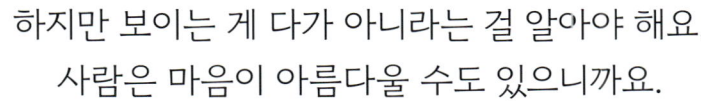

하지만 보이는 게 다가 아니라는 걸 알아야 해요.
사람은 마음이 아름다울 수도 있으니까요.

무엇을 말해야 할까요?

말은 힘이 있어요.
말은 여러분이 무엇을 생각하고 있는지 알게 하죠.

무언가를 말한다는 건 사람들에게 많은 영향을 미쳐요. 그래서 말할 때는 딱 맞는 단어를 선택해야 해요.

사실대로 말하는 게 가장 좋지만 때를 가려서 말하는 것도 중요하죠.

무엇을 해야 할까요?

행동하는 것이 말하는 것보다 마음을 더 잘 보여줄 수 있어요.
여러분이 어떻게 행동하는지 생각해 보고,
친구나 가족들에게 어떤 마음을 보여 주었는지 생각해 보세요.

친구와 다투는 것은
내가 친구의 의견을 들어 주지
않았다는 것을 보여 줘요.

친구와 장난감이나 간식을
나누는 것은 내가 친구를
좋아한다는 걸 보여 주고

학교에서 열심히
공부하는 것은 잘 하고 싶다는
마음을 선생님에게 보여 주죠.

수업 시간에 떠드는 것은 공부하기 싫다는 마음을 선생님에게 보여 주는 거예요.

부모님의 방 청소를 돕는 것은 우리 집을 좋아한다는 것을 보여 줘요.

벽에 낙서를 하면 부모님은 내가 우리 집을 싫어하는 줄 알겠죠.

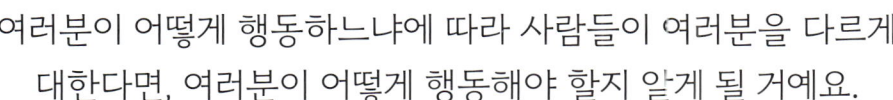

여러분이 어떻게 행동하느냐에 따라 사람들이 여러분을 다르게 대한다면, 여러분이 어떻게 행동해야 할지 알게 될 거예요.

이제, 철학이 무엇인지 알겠나요?

철학은 우리에게 질문을 던지고,
우리는 답을 알아요.

우리는 착하게 행동해야 하고 다른 사람을 생각해야 한다는 것,
언제나 진실을 찾아야 한다는 것,
우리 주변의 세상에 감사해야 한다는 걸 알아요.
사람으로 산다는 것이 무엇인지도 알고
시간과 아름다움에 대해서도 알아요.
항상 배워야 한다는 것도 알고요.
어떻게 말해야 하고 어떻게 행동해야 할지도 알지요.

우리는 질문을 멈추지 말아야 해요.
철학적이 되고 싶다면
우리가 답을 찾지 못한
질문에 대해 계속해서 생각해야 해요.

여러분이 대답하고 싶은 질문 몇 가지를
생각해 보는 것은 어떨까요?

이 책을 읽고 철학자와 함께 이야기해 봐요

철학은 생각에 길을 내는 일

- 철학, 어려워요. 왜 배워야 해요?
- 흠, 이렇게 생각해 봐. 만약 길이 없다면 학교 다니기 힘들겠지?
- 맞아요. 길이 없으면 너무 불편하죠.

- 생각에도 길이 필요해. 제대로 된 길이 있어야 원하는 곳에 갈 수 있지.
- 잘못된 길로 가면 어떻게 되는데요?
- 아마 이리저리 헤매겠지. 올바른 길로 가야 원하는 곳에 갈 수 있어. 철학은 생각에 바른 길을 내 주는 거란다.

- 깨끗하고 반듯한 길을 걸으면 기분이 좋아요.
- 맞아. 생각의 반듯한 길을 '논리'라고 해. 앞으로 배울 수학도 '논리' 중 하나야.

철학은 지혜를 사랑하는 공부

- 그럼 철학은 어디로 가는 길인가요?
- 철학은 진실을 찾으려는 길이지.

- 진실이 뭐예요?
- 사람이 무엇인지, 행복이 무엇인지 알아내는 거야. 진짜 알게 된 것을 '진실'이라고 해.

- 진실을 알면 뭐가 좋은데요?
- 예를 들어 예쁘게 생긴 버섯이 독버섯인지 모르고 먹는다면 큰일 나겠지? 또 친구를 괴롭히는 게 좋은 일인지 나쁜 일인지 모른다면?
- 친구를 괴롭히는 건 나쁜 일이에요.
- 그래서 우리는 무엇이 좋은 일이고 무엇이 나쁜 일인지 진실을 알아야 해. 이렇게 진실을 아는 것을 '지혜'라고 하지. 철학은 '지혜를 사랑하는 공부'라고 한단다.

철학, 삶의 길을 묻는 지혜

- 힘이 센 아이가 저에게 심부름을 시키면 어떡해야 하죠?
- 네가 힘이 세다면 친구에게 심부름 시킬 거야?
- 아니요. 그건 나쁜 일이에요.

- 교실에 선생님이 있거나 길에 경찰관이 있다면 힘센 아이가 마음대로 못하겠지?
- 네. 괴롭히면 혼날 테니까요.

- 교실에 선생님이 있고, 길에 경찰관이 있듯이, 사회에는 법과 국가가 있어.
- 아, 법이 있어야 힘센 아이가 마음대로 못한다는 거네요.

- 맞아. 좋은 사회나 국가는 힘이 세거나 약하거나, 돈이 많거나 적거나, 모든 사람이 행복하게 살 수 있는 곳이란다.
- 저도 그런 나라에서 살고 싶어요.

- 하지만 아직도 우리 사회에는 불행한 사람이 많고, 억울한 일도 많아. 이런 일이 없도록 사회를 바꾸어 나가야 하.
- 맞아요. 〈아기 돼지 삼형제〉에서 돼지 형제가 힘을 합쳐 나쁜 늑대를 물리쳤을 때 기뻤어요.

- 억울하고 괴로운 사람이 있을 때 철학은 이렇게 묻지. 우리 사회가 잘못된 길로 가는 건 아닐까?
- 알겠어요! 우리 삶이 올바른 길로 가고 있는지 알아보는 게 철학이군요.
- 그래. 삶의 길을 잃었을 때 철학이 시작되는 거란다.

글쓴이 사라 월든 Sarah Walden
뉴캐슬 대학교에서 영문학을 전공하고, 워릭 대학교에서 아동문학 석사 학위를 받았어요. 영국 펭귄 랜덤 하우스 출판사 등에서 오랫동안 일하며 우수한 콘텐츠를 만들고, 파는 일을 했지요. 지금은 Noodle Juice Ltd의 창립자이자 전무이사로 일하고 있어요.

그린이 케이티 루스 Katie Rewse
영국 본머스 대학과 대학원에서 일러스트레이션을 공부하고 어린이책 일러스트레이터로 일하고 있어요. 2020년에는 AOI 월드 일러스트레이션 어워드의 최종 후보에 올랐으며, 2021년에는 그림을 그린 《Climate Action》이 블루 피터 북 어워드의 최종 후보에 올랐고 워터스톤의 이달의 어린이 도서 중 하나로 선정되기도 했어요. 여행이나 모험을 좋아해서 그림을 그리지 않을 때는 가족과 함께 캠핑카를 타고 바닷가를 탐험해요.

철학자 김성우
상지대학교 FIND칼리지 교수, 올인고전학당 연구소장이고, (사)한국철학사상연구회 〈ⓔ시대와 철학〉 편집위원장을 지냈어요. 철학의 대중화를 위해 철학 교양서로 《스무 살의 철학 멘토》, 《로크의 정부론》, 《열여덟을 위한 논리개그 캠프》(공저)를 냈고, 또한 《철학자가 사랑한 그림》, 《열여덟을 위한 철학 캠프》, 《다시 쓰는 서양 근대 철학사》, 《다시 쓰는 맑스주의 사상사》, 《시대의 철학》 등을 함께 기획하고 썼어요.

질문 많은 어린이를 위한 생각 수업
철학이 왜 필요할까?

초판 1쇄 발행 2023. 8. 30.

글쓴이	사라 월든
그린이	케이티 루스
옮긴이	이채이
발행인	이상용
발행처	봄마중
출판등록	제2022-000024호
주소	경기도 파주시 회동길 363-15
대표전화	031-955-6031
팩스	031-955-6036
전자우편	bom-majung@naver.com

ISBN 979-11-92595-25-2 74100
　　　　979-11-92595-23-8 74080(세트)

값은 뒤표지에 있습니다.
잘못된 책은 구입한 서점에서 바꾸어 드립니다.
본 도서에 대한 문의사항은 이메일을 통해 주십시오.

봄마중은 청아출판사의 청소년·아동 브랜드입니다.